Impressum
Verlag: BABADADA GmbH, Nedderfeld 112 , 22529 Hamburg
Geschäftsführer / Verlagsleitung: Harald Hof
Druck: Books on Demand GmbH, In de Tarpen 42, 22848 Norderstedt

Imprint
Publisher: BABADADA GmbH, Nedderfeld 112 , 22529 Hamburg, Germany
Managing Director / Publishing direction: Harald Hof
Print: Books on Demand GmbH, In de Tarpen 42, 22848 Norderstedt

el colegio
학교

dividir
나누다

186/2

el pizarrón
칠판

el aula
교실

el patio de la escuela
학교 운동장

el maestro
교사

escribir
쓰다

el papel
종이

la birome
펜

el escritorio
책상

la regla
자

el libro
책

el alumno
학생

la mochila
책가방

la caja de lápices
필통

el lápiz
연필

el sacapuntas
연필깎이

la goma (de borrar)
지우개

el bloc de dibujo
스케치북

el dibujo
그림

el pincel
붓

la caja de pinturas
그림물감 통

la tijera
가위

el pegamento
풀

el cuaderno de ejercicios
연습장

la tarea
숙제

el número
숫자

sumar
더하다

restar
빼다

multiplicar
곱하다

calcular
계산하다

la letra
글자

el abecedario
알파벳

la palabra
낱말

el texto

텍스트

leer

읽다

la tiza

분필

la lección

수업시간

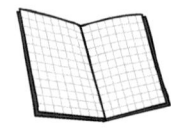

el cuaderno de clase

출석부

el examen

시험

el certificado

증명서

el uniforme escolar

교복

la educación

교육

la enciclopedia

백과사전

la universidad

대학교

el microscopio

현미경

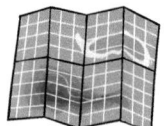

el mapa

지도

el tacho (de basura)

휴지통

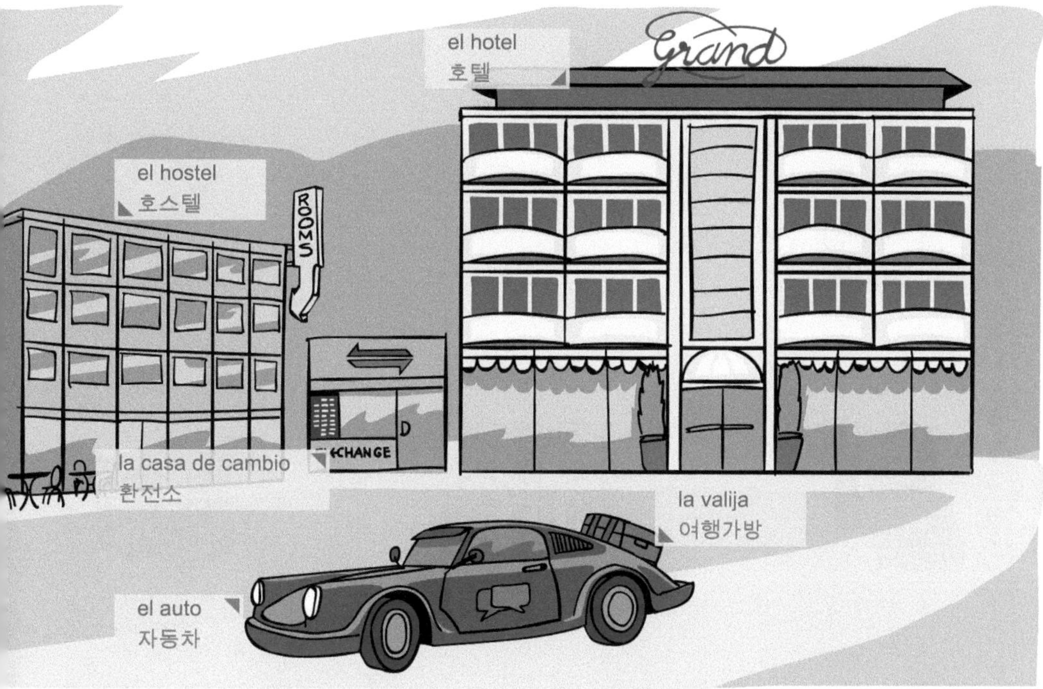

el hotel
호텔
Grand
el hostel
호스텔
ROOMS
la casa de cambio
환전소
EXCHANGE
la valija
여행가방
el auto
자동차

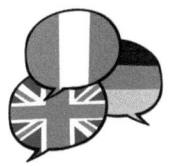

el idioma
언어

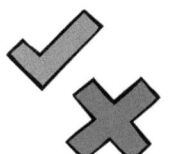

sí / no
예 / 아니오

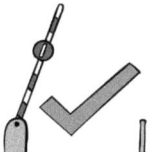

Está bien
좋아

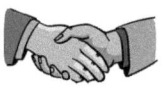

hola
안녕

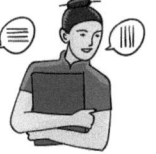

el traductor
번역가

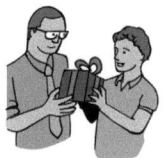

Gracias
고마워, 고마워요

¿cuánto cuesta…?

… 얼마입니까?

No entiendo

나는 이해하지 못합니다

el problema

문제

¡Buenas tardes!

안녕하세요!

¡Buenos días!

안녕하세요!

¡Buenas noches!

잘자요!

el adiós

또 만나요

la dirección

방향

el equipaje

수하물

el bolso

가방

la mochila

배낭

el invitado

손님

la habitación

방

la bolsa de dormir

침낭

la carpa

텐트

la información turística

여행 안내

la playa

해변

la tarjeta de crédito

신용카드

el desayuno

아침식사

el almuerzo

점심식사

la cena

저녁식사

el pasaje

승차권

el ascensor

승강기

el sello

우표

la frontera

경계

la aduana

세관

la embajada

대사관

la visa

비자

el pasaporte

여권

el transporte
운반

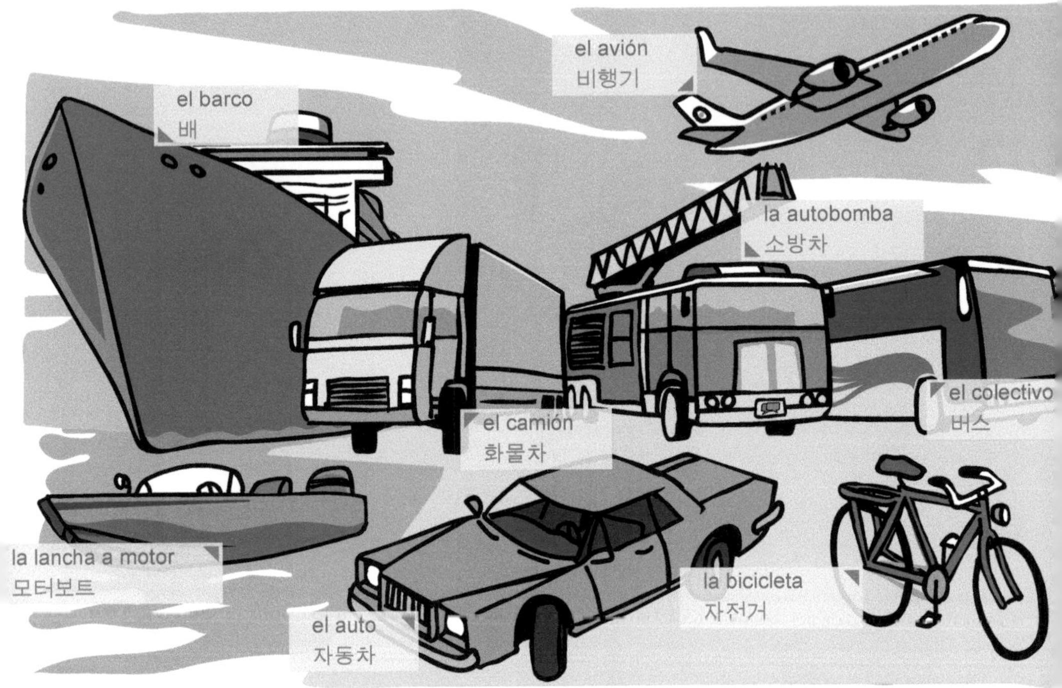

el avión
비행기
el barco
배
la autobomba
소방차
el colectivo
버스
el camión
화물차
la lancha a motor
모터보트
la bicicleta
자전거
el auto
자동차

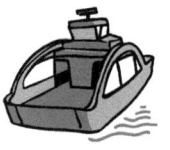

el ferry

페리

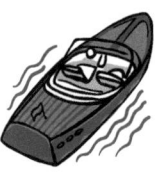

el bote

보트

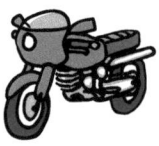

la moto

오토바이

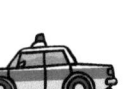

el patrullero

경찰차

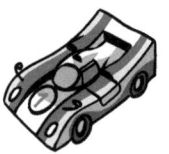

el auto de carreras

경주차

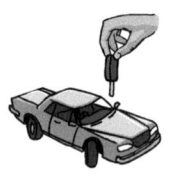

el auto de alquiler

렌트카

el alquiler de autos

카셰어링

la grúa

견인차

el camión de la basura

쓰레기차

el motor

모터

la nafta

연료

la estación de servicio

주유소

la señal de tránsito

교통 표지

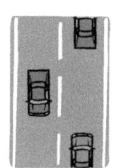

el tránsito

교통

el embotellamiento

교통 정체

el estacionamiento

주차장

la estación de tren

기차역

las vías

트랙터

el tren

기차

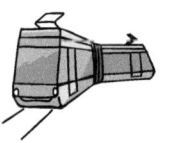

el tranvía

전차

el vagón

객차

el helicóptero

헬리콥터

el aeropuerto

공항

la torre

타워

el pasajero

승객

el contenedor

컨테이너

la caja de cartón

상자

la carretilla

카트

la canasta

바구니

despegar / aterrizar

출발하다 / 도착하다

la ciudad

도시

el pueblo

마을

el centro de la ciudad

도심

la casa

집

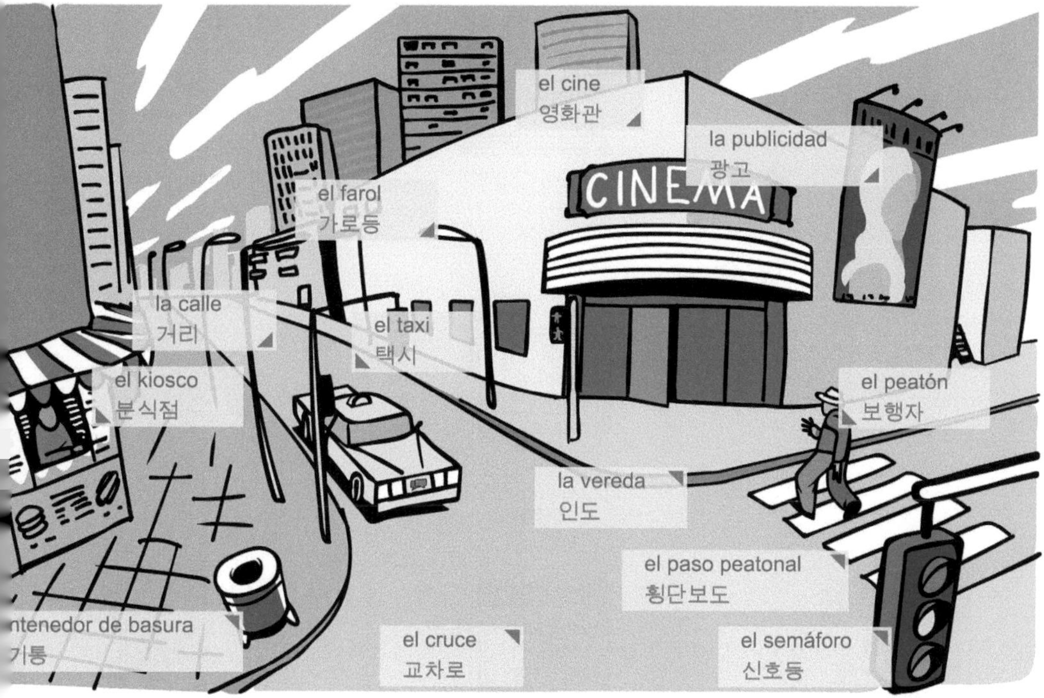

el cine 영화관

la publicidad 광고

CINEMA

el farol 가로등

la calle 거리

el taxi 택시

el kiosco 분식점

el peatón 보행자

la vereda 인도

el paso peatonal 횡단보도

...ntenedor de basura 기통

el cruce 교차로

el semáforo 신호등

la cabaña
오두막

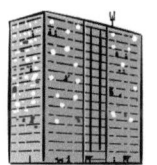

el departamento
주택

la estación de tren
기차역

la municipalidad
시청

el museo
박물관

el colegio
학교

la universidad

대학교

el banco

은행

el hospital

병원

el hotel

호텔

la farmacia

약국

la oficina

사무실

la librería

서점

el negocio

상점

la florería

꽃가게

el supermercado

수퍼마켓

el mercado

시장

las grandes tiendas

백화점

la pescadería

생선가게

el centro comercial

쇼핑 센터

el puerto

항구

el parque

공원

el banco

벤치

el puente

다리

las escaleras

계단

el subte

지하철

el túnel

터널

la parada del colectivo

버스 정류장

el bar

바

el restaurante

레스토랑

el buzón

우체통

el letrero

도로 표지판

el parquímetro

주차료 징수기

el zoológico

동물원

la pileta

수영장

la mezquita

모스크 사원

la granja

농장

la contaminación

환경오염

el cementerio

공동묘지

la iglesia

교회

los juegos infantiles

놀이터

el templo

절

el paisaje
풍경

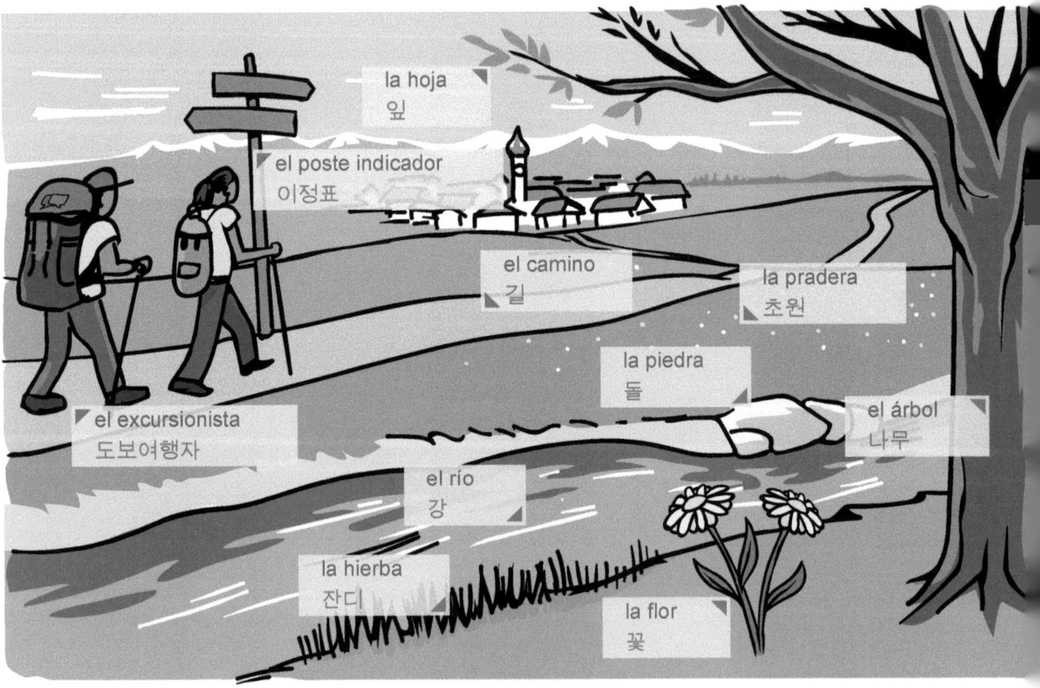

la hoja
잎

el poste indicador
이정표

el camino
길

la pradera
초원

la piedra
돌

el árbol
나무

el excursionista
도보여행자

el río
강

la hierba
잔디

la flor
꽃

el valle
계곡

la montaña
산

el lago
호수

el bosque
숲

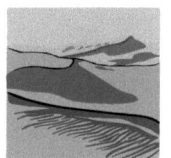

el desierto
사막

el volcán
화산

el castillo
성

el arco iris
무지개

el champiñón
버섯

la palmera
야자나무

el mosquito
모기

la mosca
파리

la hormiga
개미

la abeja
벌

la araña
거미

el escarabajo

딱정벌레

la rana

개구리

la ardilla

다람쥐

el erizo

고슴도치

la liebre

토끼

la lechuza

부엉이

el pájaro

새

el cisne

백조

el jabalí

맷돼지

el ciervo

사슴

el alce

순록

la presa

댐

el aerogenerador

풍력 터빈

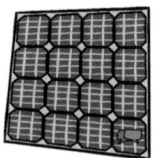

el panel solar

태양광 전지판

el clima

기후

el restaurante
레스토랑

el mozo
웨이터
el menú
메뉴
la silla
의자
la sopa
수프
la pizza
피자
los cubiertos
수저
el mantel
테이블보

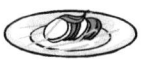

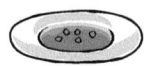

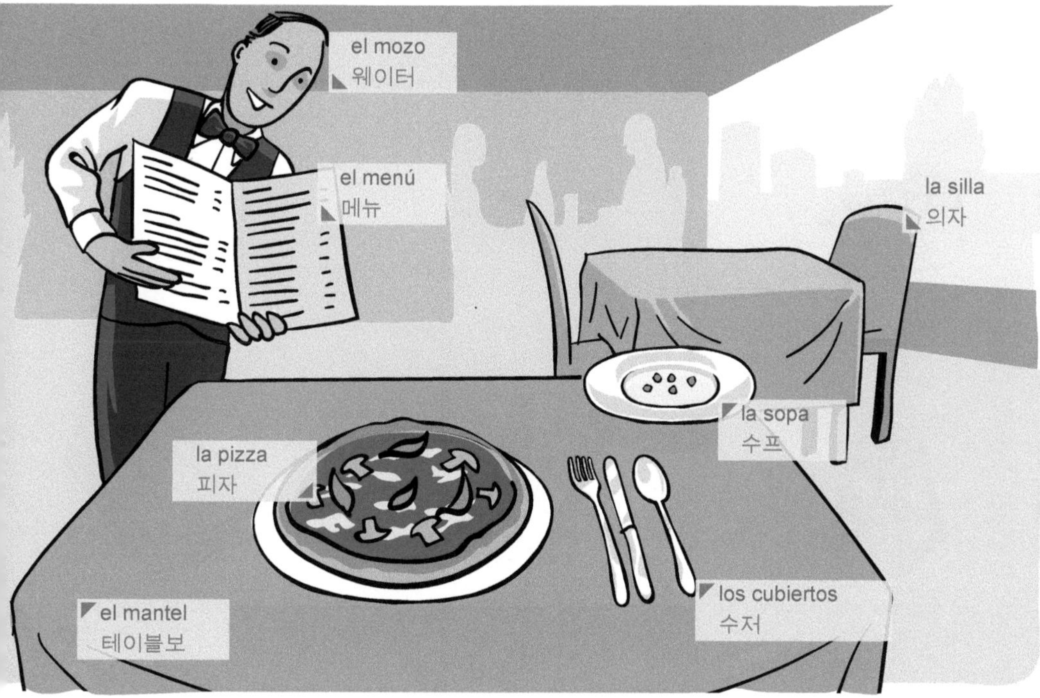

la entrada
전채요리

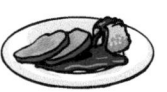

el plato principal
주요리

el postre
후식

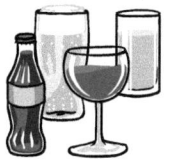

las bebidas
음료수

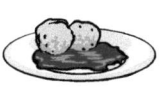

la comida
음식

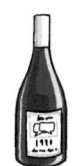

la botella
병

la comida rápida

인스턴트 식품

la comida callejera

길거리음식

la tetera

찻주전자

la azucarera

설탕통

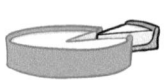

la porción

인분

la cafetera expreso

에스프레소 머신

la sillita alta

높은 의자

la cuenta

계산서

la bandeja

쟁반

el cuchillo

칼

el tenedor

포크

la cuchara

숟가락

la cucharita

찻숟가락

la servilleta

냅킨

el vaso

유리잔

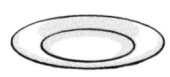

el plato
접시

el plato hondo
수프 그릇

el plato
컵 받침

la salsa
소스

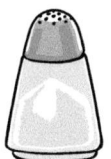

el salero
소금통

el molinillo de pimienta
후추통

el vinagre
식초

el aceite
기름

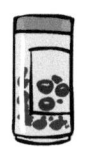

las especias
양념

el kétchup
케첩

la mostaza
겨자

la mayonesa
마요네즈

el supermercado
수퍼마켓

la oferta especial
특가 판매
FOR
el cliente
고객
los lácteos
유제품
la fruta
과일
el changuito
트롤리

BUTCHERS
la carnicería
정육점

BAKERY
la panadería
빵집

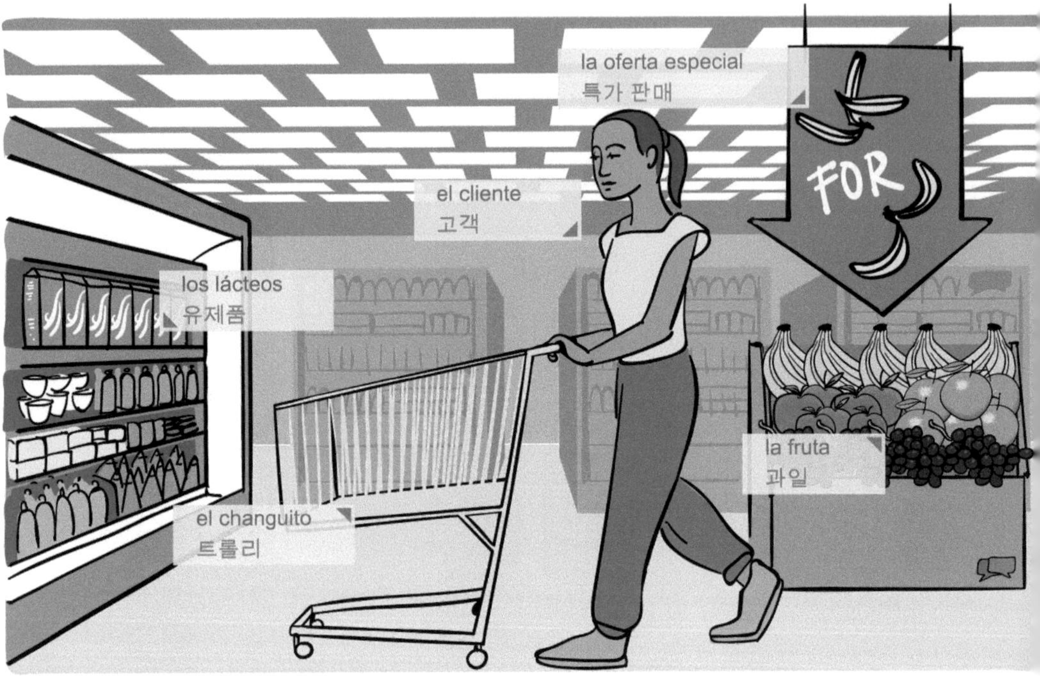

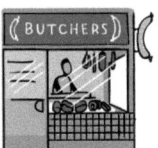

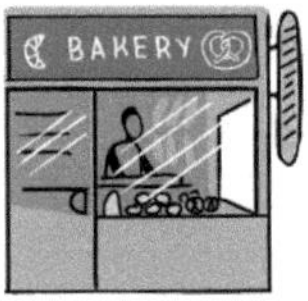

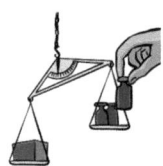

pesar
무게가 나가다

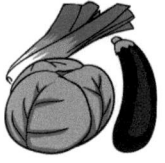

las verduras
채소

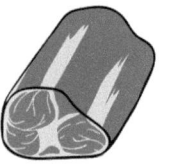

la carne
고기

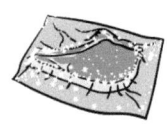

los alimentos congelados
냉동식품

los fiambres

냉육

los alimentos enlatados

통조림

el detergente en polvo

가루 세제

las golosinas

달콤한 간식

los electrodomésticos

가정용품

los productos de limpieza

세척제

la vendedora

판매원

la caja

계산대

el cajero

계산원

la lista de compras

구매목록

el horario de atención

문 여는 시간

la billetera

지갑

la tarjeta de crédito

신용카드

la cartera

가방

la bolsa de plástico

비닐 봉투

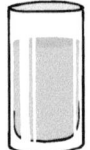

el agua

물

el jugo

주스

la leche

우유

la bebida cola

콜라

el vino

와인

la cerveza

맥주

el alcohol

술

el cacao

카카오

el té

차고

el café

커피

el café expreso

에스프레소

el cappuccino

카푸치노

la banana

바나나

la manzana

사과

la naranja

오렌지

el melón

수박

el limón

레몬

la zanahoria

당근

el ajo

마늘

el bambú

대나무

la cebolla

양파

el champiñón

버섯

las nueces

견과류

los fideos

국수

los tallarines

스파게티

el arroz

쌀

la ensalada

샐러드

las papas fritas

감자칩

las papas fritas

감자튀김

la pizza

피자

la hamburguesa

햄버거

el sándwich

샌드위치

el churrasco

커틀렛

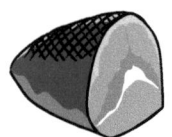

el jamón

햄

el salame

살라미

la salchicha

소시지

el pollo

닭

el asado

구이

el pescado

생선

los copos de avena

오트밀

el muesli

뮤슬리

los copos de maíz

콘플레이크

la harina

밀가루

la medialuna

크루아상

el pancito

롤빵

el pan

빵

la tostada

토스트

las galletitas

비스킷

la manteca

버터

la cuajada

응유

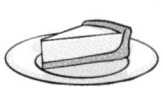

la torta

케이크

el huevo

달걀

el huevo frito

계란 후라이

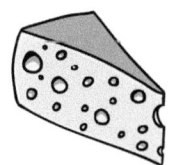

el queso

치즈

la comida - 음식

25

el helado

아이스크림

el azúcar

설탕

la miel

꿀

la mermelada

잼

la pasta de chocolate

누가 크림

el curry

카레

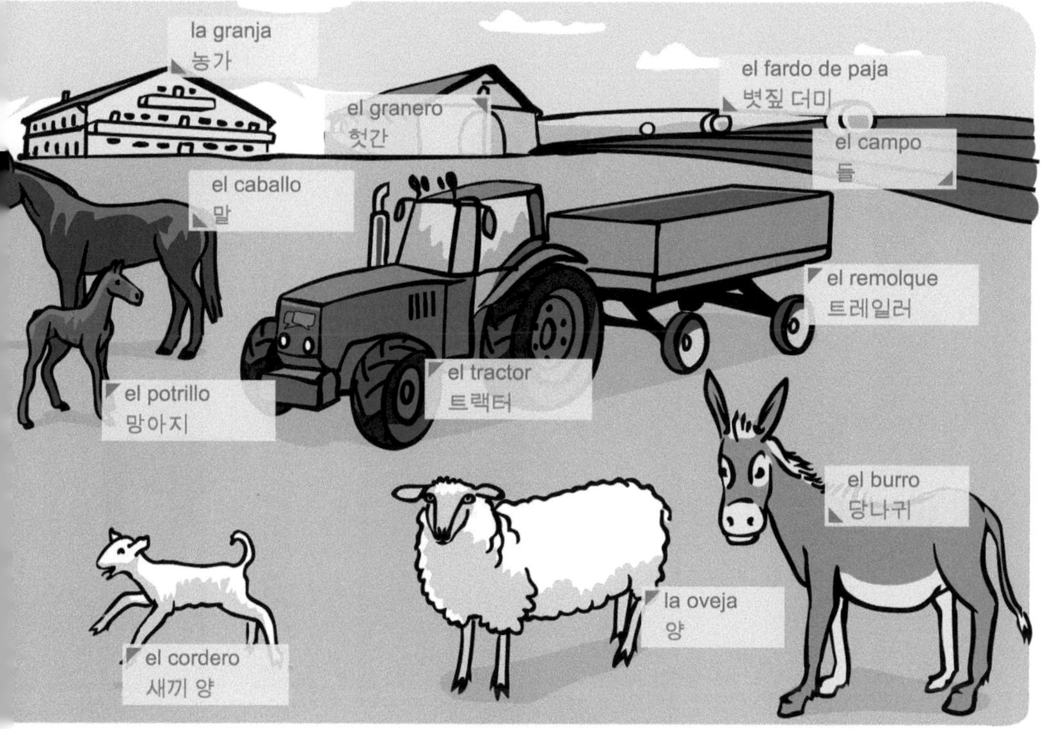

la granja
농가

el granero
헛간

el fardo de paja
볏짚 더미

el campo
들

el caballo
말

el remolque
트레일러

el potrillo
망아지

el tractor
트랙터

el burro
당나귀

el cordero
새끼 양

la oveja
양

la cabra
염소

la vaca
암소

el ternero
송아지

el cerdo
돼지

el lechón
새끼 돼지

el toro
황소

el ganso
거위

el pato
오리

el pollo
병아리

la gallina
암탉

el gallo
수탉

la rata
쥐

el gato
고양이

el ratón
생쥐

el buey
황소

el perro
개

la cucha
개집

la manguera
정원용 호스

la regadera
물뿌리개

la guadaña
큰 낫

el arado
쟁기

la hoz

낫

la azada

괭이

la horquilla

쇠스랑

el hacha

도끼

la carretilla

외바퀴 손수레

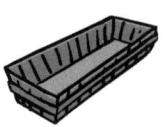

el abrevadero

여물통

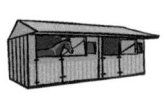

la lechera

우유 캔

la bolsa

부대

la reja

울타리

el establo

축사

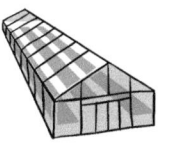

el invernadero

비닐하우스

el suelo

땅

la semilla

씨앗

el fertilizador

거름

la cosechadora

콤바인

la granja - 농장

cosechar

수확하다

la cosecha

수확

las batatas

참마

el trigo

밀

la soja

콩

la papa

감자

el maíz

옥수수

la semilla de colza

유채씨

el árbol frutal

과일나무

la mandioca

카사바

los cereales

곡식

la casa
집

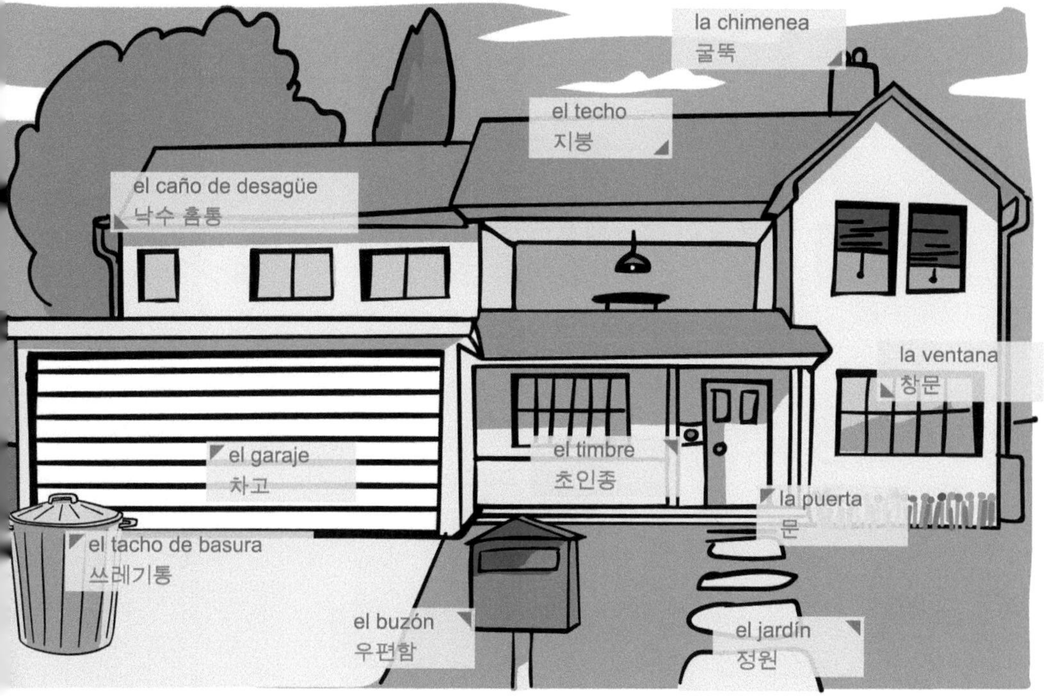

la chimenea
굴뚝
el techo
지붕
el caño de desagüe
낙수 홈통
la ventana
창문
el garaje
차고
el timbre
초인종
la puerta
문
el tacho de basura
쓰레기통
el buzón
우편함
el jardín
정원

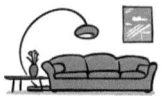

el living
응접실

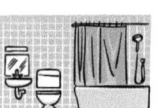

el baño
욕실

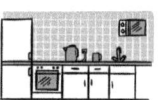

la cocina
부엌

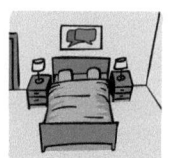

el dormitorio
침실

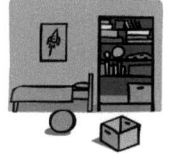

el cuarto de los chicos
아이들 방

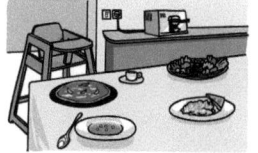

el comedor
식사실

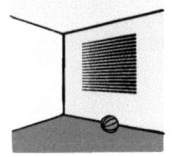

el piso
바닥

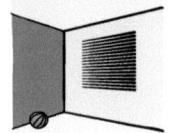

la pared
벽

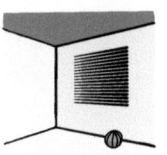

el cielorraso
천장

el sótano
지하실

el sauna
사우나

el balcón
발코니

la terraza
테라스

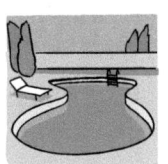

la pileta
수영장

la cortadora de pasto
잔디 깎는 기계

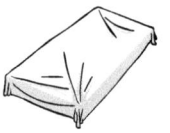

la sábana
침대 시트

el acolchado
이불

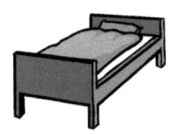

la cama
침대

la escoba
빗자루

el balde
양동이

el interruptor
스위치

el living

응접실

el empapelado
벽지
la imagen
그림
la lámpara
전등
el estante
선반
el armario
캐비닛
la televisión
텔레비전
la chimenea
벽난로
la flor
꽃
el almohadón
쿠션
el sofá
소파
el florero
꽃병
el control remoto
리모컨

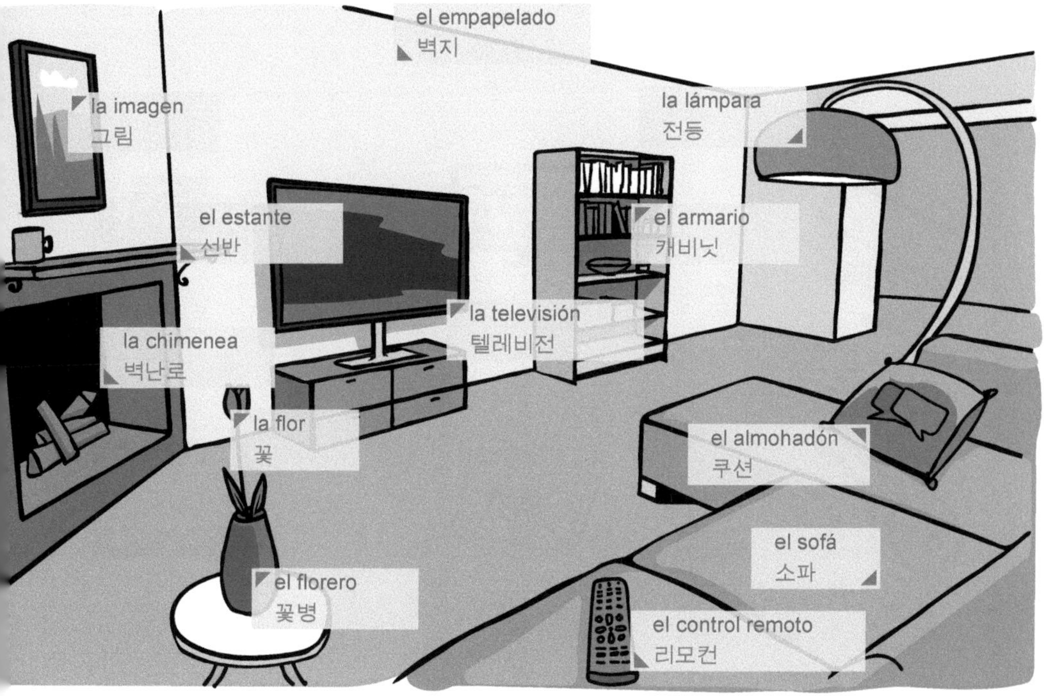

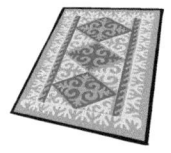

la alfombra

카페트

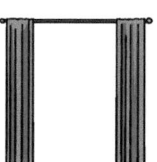

la cortina

커튼

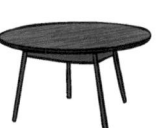

la mesa

탁자

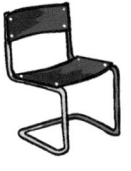

la silla

의자

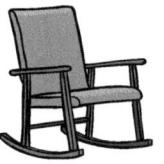

la mecedora

흔들의자

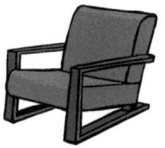

el sillón

안락의자

el libro
책

la frazada
담요

la decoración
장식

la leña
뗼감나무

la película
영화

el equipo de música
하이파이 기기

la llave
열쇠

el diario
신문

la pintura
회화

el póster
포스터

la radio
라디오

el cuaderno
노트

la aspiradora
진공청소기

el cactus
선인장

la vela
초

la cocina
부엌

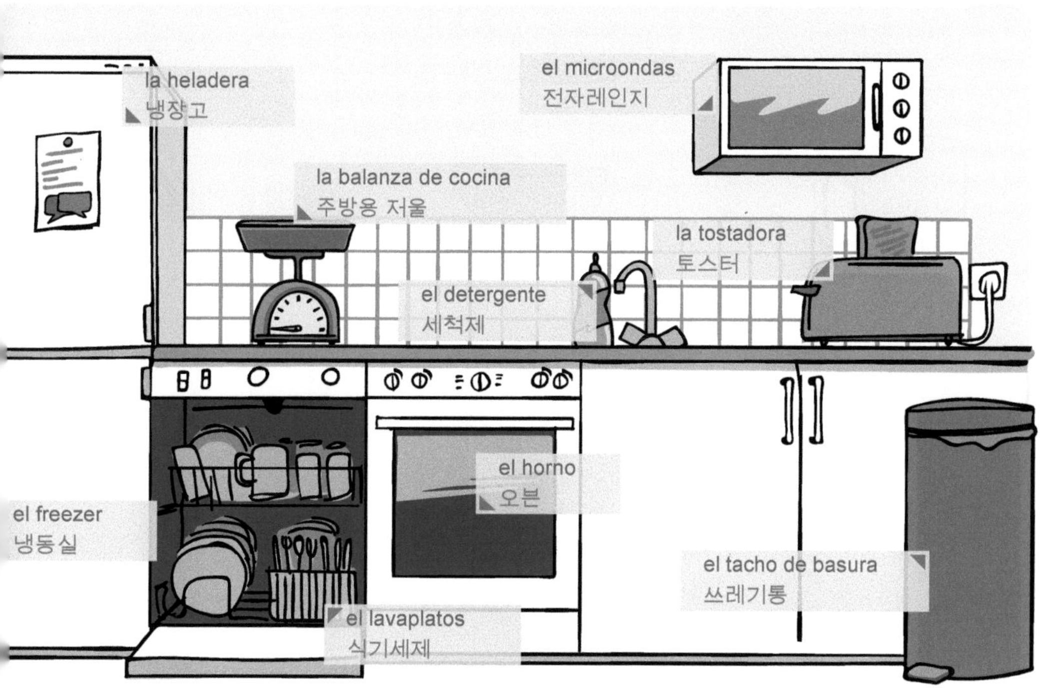

la heladera
냉장고
el microondas
전자레인지
la balanza de cocina
주방용 저울
la tostadora
토스터
el detergente
세척제
el horno
오븐
el freezer
냉동실
el tacho de basura
쓰레기통
el lavaplatos
식기세제

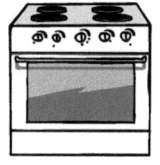

la cocina

쿠커

la olla

냄비

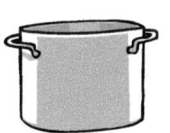

la olla de hierro fundido

주철 냄비

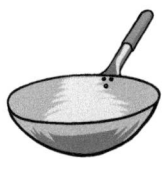

el wok

웍 / 카다이 냄비

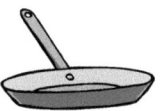

la sartén

프라이팬

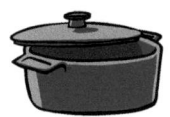

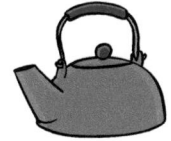

la pava

주전자

la vaporera

찜기

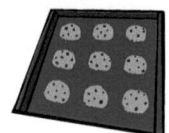

la bandeja de horno

오븐 구이용 쟁반

la vajilla

그릇

la taza

머그

el bol

양푼이

los palitos

젓가락

el cucharón

국자

la espátula

주걱

la batidora

거품기

el colador

여과기

el colador

체

el rallador

강판

el mortero

절구

la parrilla

바베큐

la fogata

화덕

la tabla de picar
도마

el palo de amasar
밀방망이

el sacacorchos
코르크 병따개

la lata
캔

el abrelatas
캔 따개

la manopla
냄비 받침

la pileta
개수대

el cepillo
솔

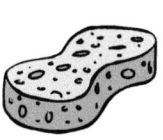
la esponja
수세미

la batidora
블렌더

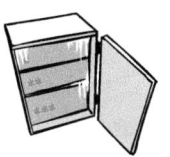
el congelador
냉동고

la mamadera
젖병

la canilla
수도꼭지

el baño
욕실

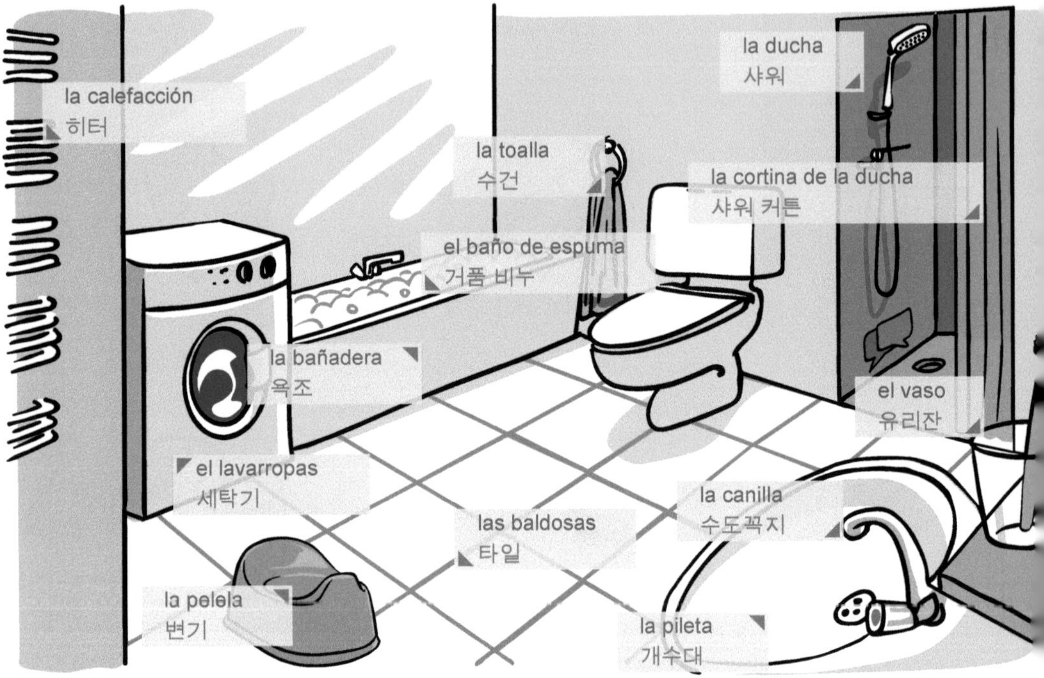

la calefacción
히터
la ducha
샤워
la toalla
수건
la cortina de la ducha
샤워 커튼
el baño de espuma
거품 비누
la bañadera
욕조
el vaso
유리잔
el lavarropas
세탁기
la canilla
수도꼭지
las baldosas
타일
la pelela
변기
la pileta
개수대

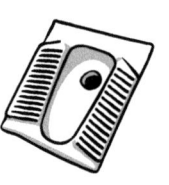

el inodoro

화장실

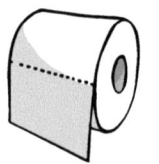

la letrina

재래식 화장실

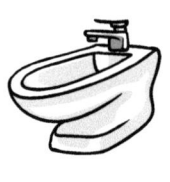

el bidé

비데

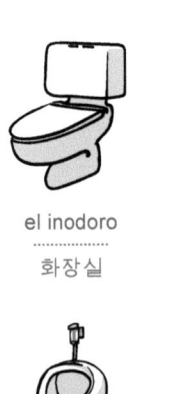

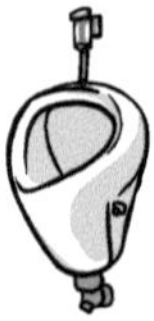

el mingitorio

공중 변소

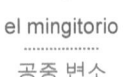

el papel higiénico

화장지

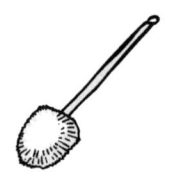

el cepillo para el inodoro

변기솔

el cepillo de dientes

치솔

el dentífrico

치약

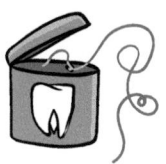

el hilo dental

치실

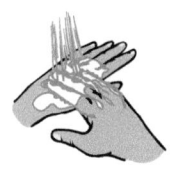

lavar

씻다

la ducha de mano

샤워기

la ducha higiénica

질 세척제

la palangana

대야

el cepillo para la espalda

등밀이솔

el jabón

비누

el gel de ducha

샤워 젤

el shampoo

샴푸

la toallita

물걸레

el desagüe

배수관

la crema

크림

el desodorante

체취 제거제

el espejo

거울

el espejito

휴대용 거울

la maquinita de afeitar

면도기

la espuma de afeitar

면도 거품

el aftershave

에프터쉐이브

el peine

빗

el cepillo

솔

el secador de pelo

헤어드라이기

el spray

헤어스프레이

el maquillaje

메이크업

el lápiz de labios

립스틱

el esmalte para uñas

손톱깎이

el algodón

면 솜

la tijera para uñas

손톱

el perfume

향수

el portacosméticos

세면도구 주머니

la banqueta

스툴

la balanza

저울

la bata

목욕 가운

los guantes de goma

고무 장갑

el tampón

탐폰

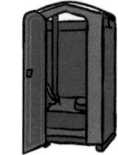

la toallita femenina

생리대

el baño químico

화학 화장실

el cuarto de los chicos
아이들 방

el despertador
자명종
el peluche
털인형
el coche de juguete
장난감 차
el sonajero
딸랑이
la casa de muñecas
인형의 집
el regalo
선물

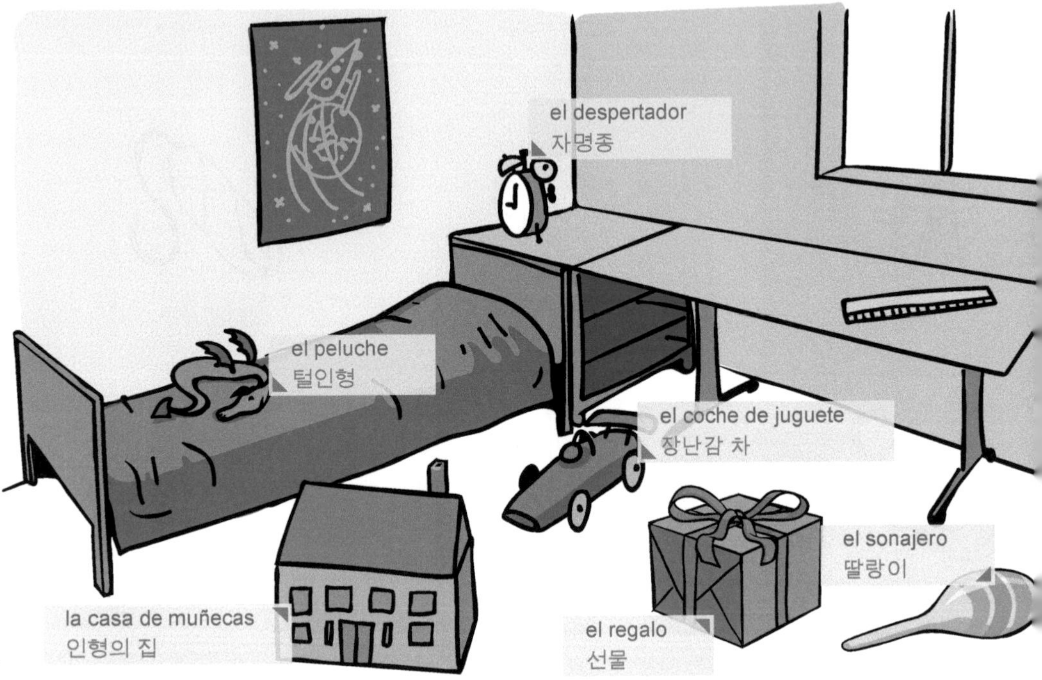

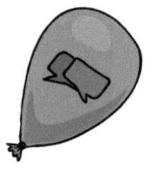

el globo
풍선

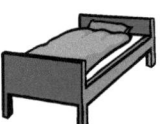

la cama
침대

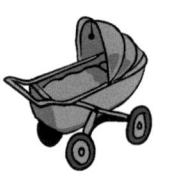

el cochecito
유모차

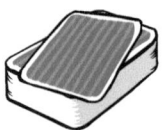

las cartas
카드 게임

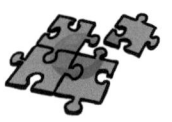

el rompecabezas
퍼즐

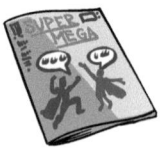

la historieta
만화

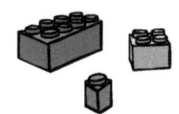

las piezas de lego

레고

los ladrillos de juguete

장난감 블럭

la figura de acción

액션 캐릭터

el enterito (de bebé)

베이비 그로

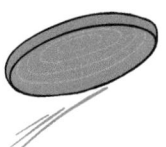

el frisbee

프리스비

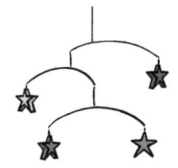

el móvil para bebés

모빌

el juego de mesa

보드 게임

los dados

주사위

el tren eléctrico

기차 모형 세트

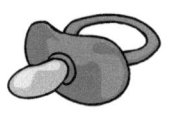

el chupete

노리개 젖꼭지

la fiesta

파티

el libro de cuentos ilustrado

그림책

la pelota

공

la muñeca

인형

jugar

놀다

el arenero

모래상자

la hamaca

그네

los juguetes

장난감

la consola de videojuegos

비디오 게임 콘솔

el triciclo

세바퀴자전거

el osito de peluche

곰인형

el armario

옷장

la ropa

의복

las medias

양말

las medias panty

스타킹

las calzas

스타킹

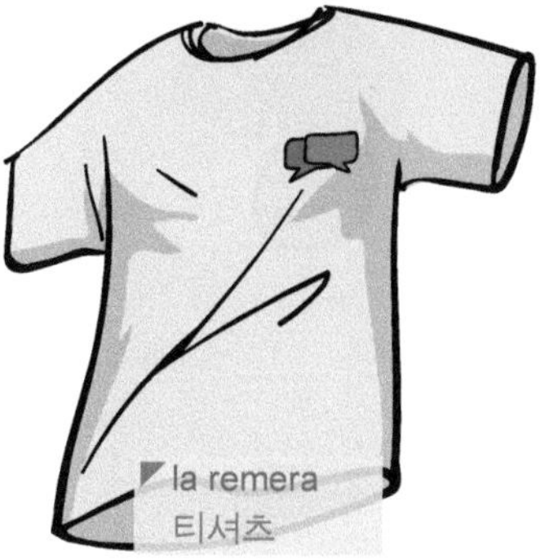

la bufanda
스카프

el paraguas
우산

el cinturón
허리띠

la remera
티셔츠

las botas
부츠

las pantuflas
슬리퍼

las zapatillas
운동화

las sandalias
샌들

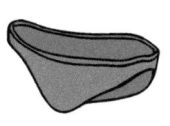

los zapatos
신발

las botas de goma
고무 장화

la ropa interior
팬티

el corpiño
브래지어

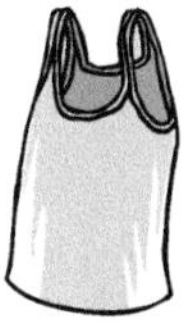

el chaleco
러닝 셔츠

el body
바디

los pantalones
바지

los jeans
청바지

la pollera
치마

la blusa
블라우스

la camisa
셔츠

el pulóver
풀오버

el buzo
후드티

el blazer
블레이저

la campera
자켓

el tapado
외투

el piloto
비옷

el traje
의상

el vestido
원피스

el vestido de novia
웨딩 드레스

el traje

양복

el camisón

나이트가운

el pijama

잠옷

el sari

사리

el pañuelo para la cabeza

두건

el turbante

터번

la burka

부르카

el caftán

카프탄

la abaya

아바야

el traje de baño

수영복

el short de baño

수영바지

los shorts

반바지

el jogging

트레이닝복

el delantal

앞치마

los guantes

장갑

el botón
단추

los anteojos
안경

la pulsera
팔찌

el collar
목걸이

el anillo
반지

el aro
귀걸이

la gorra
캡 모자

la percha
옷걸이

el sombrero
모자

la corbata
넥타이

el cierre
지퍼

el casco
헬멧

los tiradores
멜빵

el uniforme escolar
교복

el uniforme
유니폼

la ropa - 의복

el babero

턱받이

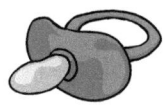

el chupete

노리개 젖꼭지

el pañal

기저귀

la oficina
사무실

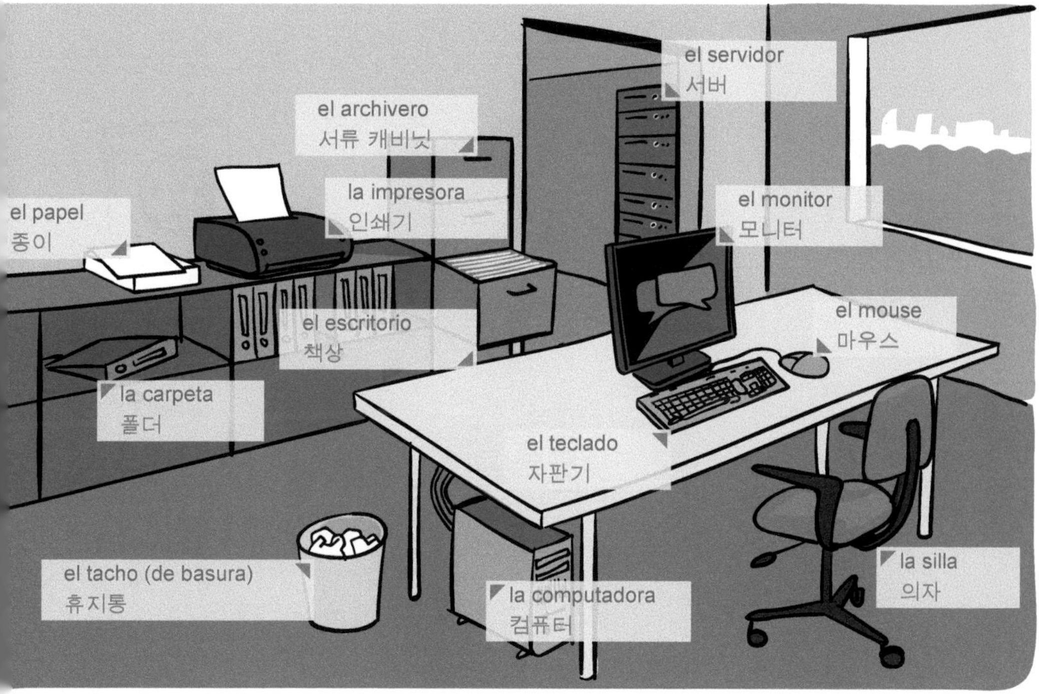

el servidor
서버

el archivero
서류 캐비닛

la impresora
인쇄기

el papel
종이

el monitor
모니터

el mouse
마우스

el escritorio
책상

la carpeta
폴더

el teclado
자판기

el tacho (de basura)
휴지통

la computadora
컴퓨터

la silla
의자

la taza de café

커피잔

la calculadora

계산기

el internet

인터넷

la laptop

노트북

la carta

편지

el mensaje

메시지

el celular

휴대전화

la red

네트워크

la fotocopiadora

복사기

el software

소프트웨어

el teléfono

전화

el tomacorriente

플러그 소켓

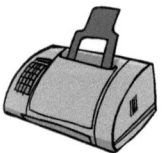

el fax

팩시밀리

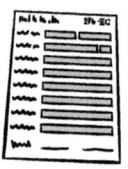

el formulario

서식

el documento

서류

comprar

사다

pagar

지불하다

hacer negocios

거래하다

el dinero

돈

el dólar

달러

el euro

유로

el yen

엔

el rublo

루블

el franco suizo

스위스 프랑

el yuan

위안

la rupia

루피

el cajero automático

현금인출기

la casa de cambio

환전소

el oro

금

la plata

은

el petróleo

석유

la energía

에너지

el precio

가격

el contrato

계약

el impuesto

세금

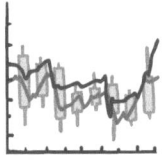

la acción

주식

trabajar

일하다

el empleado

근로자

el empleador

고용주

la fábrica

공장

el negocio

상점

las ocupaciones
직업

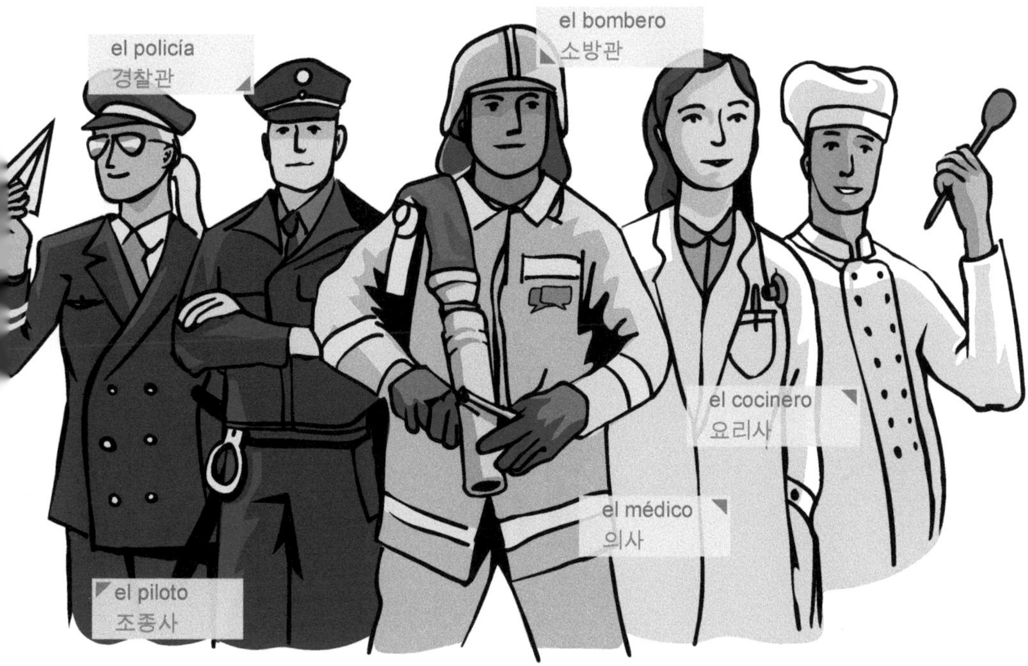
el policía
경찰관
el bombero
소방관
el cocinero
요리사
el médico
의사
el piloto
조종사

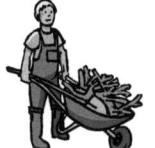

el jardinero
정원사

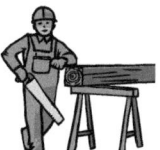

el carpintero
목수

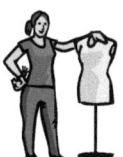

la modista
수선공

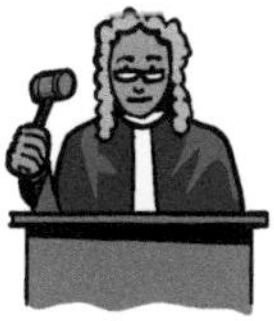

el juez
판사

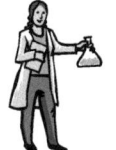

el farmacéutico
화학자

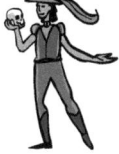

el actor
배우

el colectivero

버스운전사

el taxista

택시 운전사

el pescador

어부

la mucama

청소부

el techista

지붕 수리자

el mozo

웨이터

el cazador

사냥꾼

el pintor

화가

el panadero

제빵사

el electricista

전기업자

el albañil

건축업자

el ingeniero

엔지니어

el carnicero

정육점업자

el plomero

배관업자

el cartero

우편물 배달부

el soldado
군인

el arquitecto
건축가

el cajero
계산원

el florista
플로리스트

el peluquero
미용사

el cobrador
검표원

el mecánico
정비사

el capitán
선장

el dentista
치과의사

el científico
학자

el rabino
유대교 라비

el imán
이맘

el monje
수도승

el sacerdote
사제

las herramientas
연장

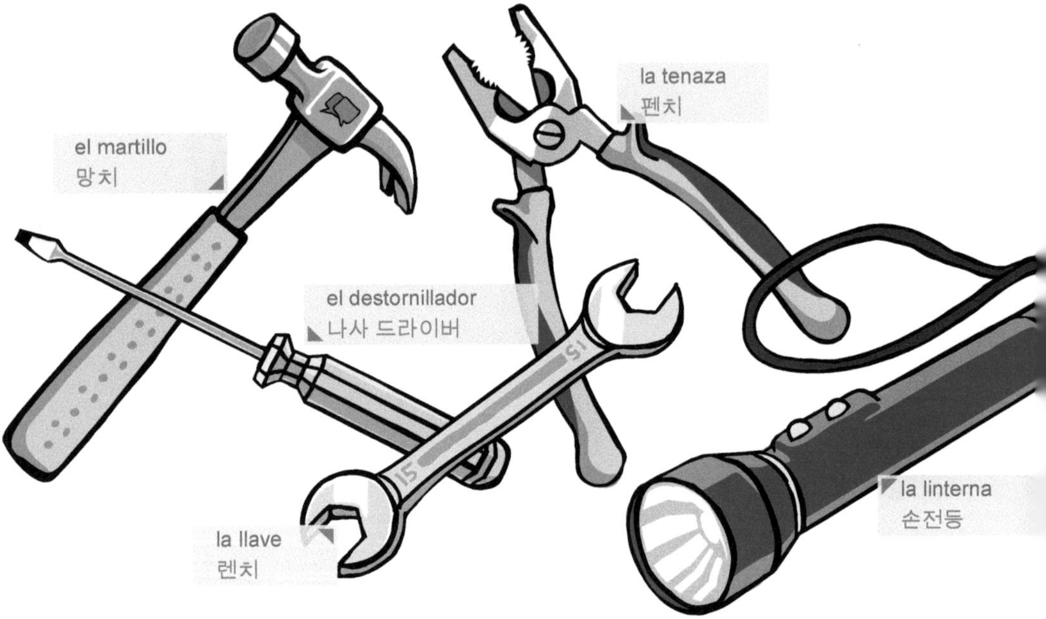

el martillo
망치
la tenaza
펜치
el destornillador
나사 드라이버
la llave
렌치
la linterna
손전등

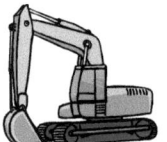

la excavadora

굴삭기

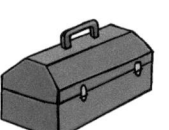

la caja de herramientas

연장통

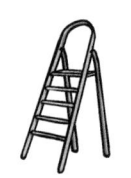

la escalera portátil

사다리

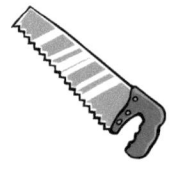

la sierra

톱

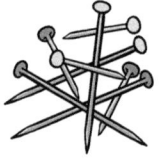

los clavos

못

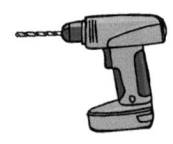

el taladro

드릴

arreglar

수리하다

la pala de jardín

삽

¡Qué bronca!

젠장!

la pala de plástico

쓰레받기

el tacho de pintura

페인트통

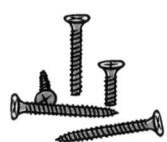

los tornillos

나사

los instrumentos musicales
악기

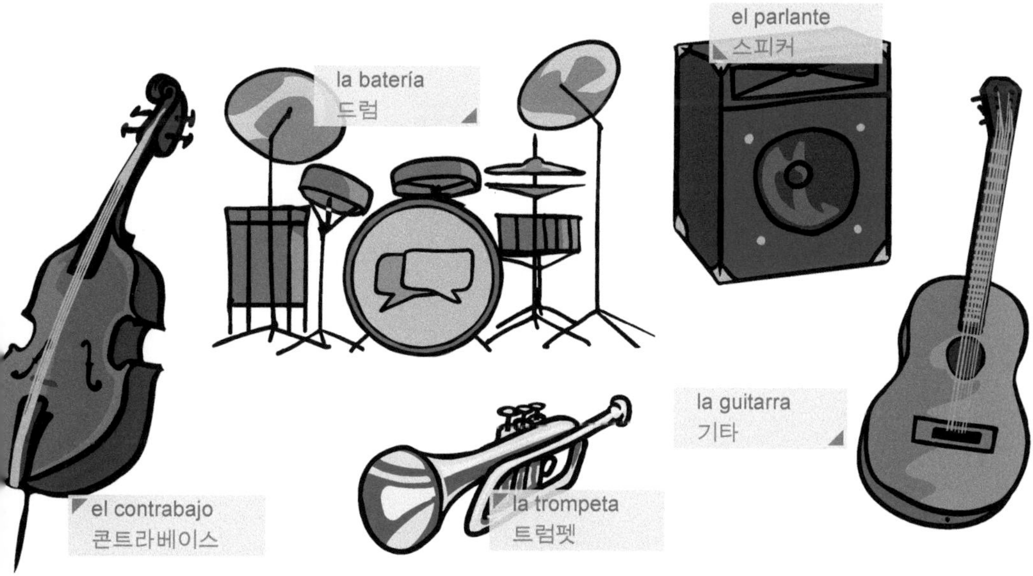

el parlante
스피커

la batería
드럼

el contrabajo
콘트라베이스

la trompeta
트럼펫

la guitarra
기타

el piano

피아노

el violín

바이올린

el bajo

베이스

los timbales

팀파니

el tambor

북

el teclado

키보드

el saxofón

색소폰

la flauta

플루트

el micrófono

마이크

el zoológico
동물원

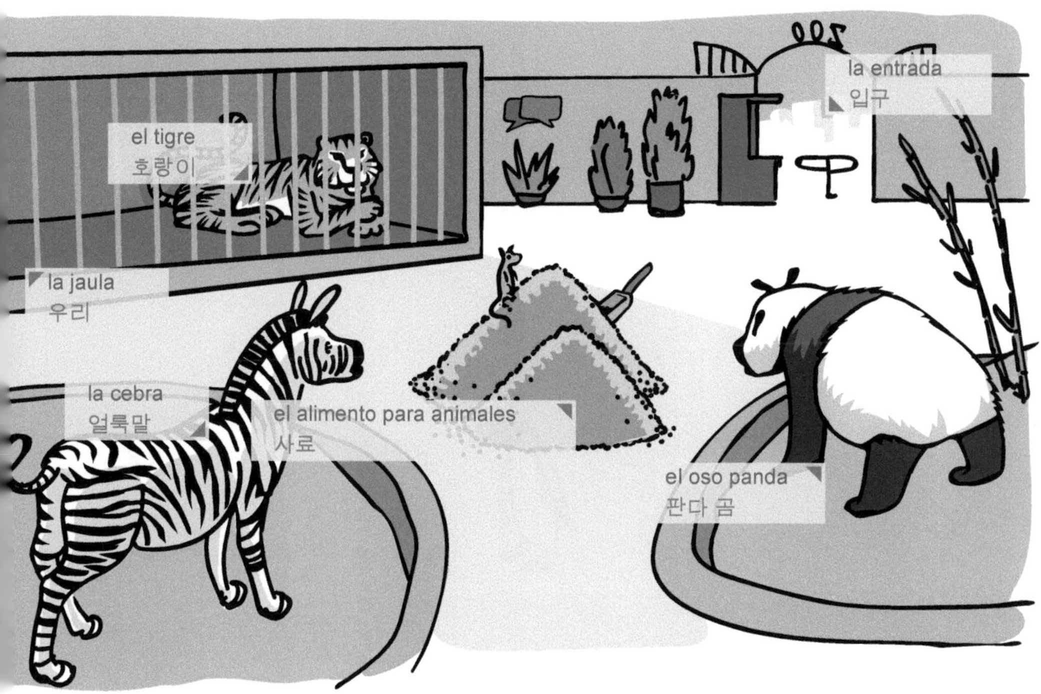

ZOO
la entrada
입구
el tigre
호랑이
la jaula
우리
la cebra
얼룩말
el alimento para animales
사료
el oso panda
판다 곰

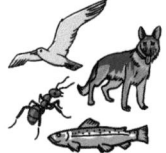

los animales
동물

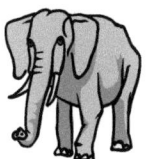

el elefante
코끼리

el canguro
캥거루

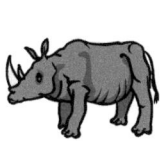

el rinoceronte
코뿔소

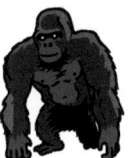

el gorila
고릴라

el oso
곰

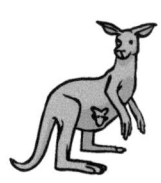

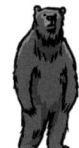

el camello

낙타

el avestruz

타조

el león

사자

el mono

원숭이

el flamenco

홍학

el loro

앵무새

el oso polar

북극곰

el pingüino

펭귄

el tiburón

상어

el pavo real

공작

la serpiente

뱀

el cocodrilo

악어

el cuidador del zoológico

동물원 사육사

la foca

물개

el jaguar

재규어

el poni

조랑말

el leopardo

표범

el hipopótamo

하마

la jirafa

기린

el águila

독수리

el jabalí

맷돼지

el pescado

생선

la tortuga

거북이

la morsa

바다코끼리

el zorro

여우

la gacela

영양

el zoológico - 동물원

el fútbol americano
미식축구

el ciclismo
자전거 경기

el tenis
테니스

el básquet
농구

la natación
수영

el boxeo
권투

el hockey sobre hielo
아이스하키

el fútbol
축구

el bádminton
배드민턴

el atletismo
육상 경기

el handball
핸드볼

el esquí
스키

el polo
폴로

las actividades

활동

saltar
뛰어오르다
abrazar
포옹하다
reír
웃다
caminar
걷다
cantar
노래하다
soñar
꿈꾸다
rezar
기도하다
besar
입맞추다

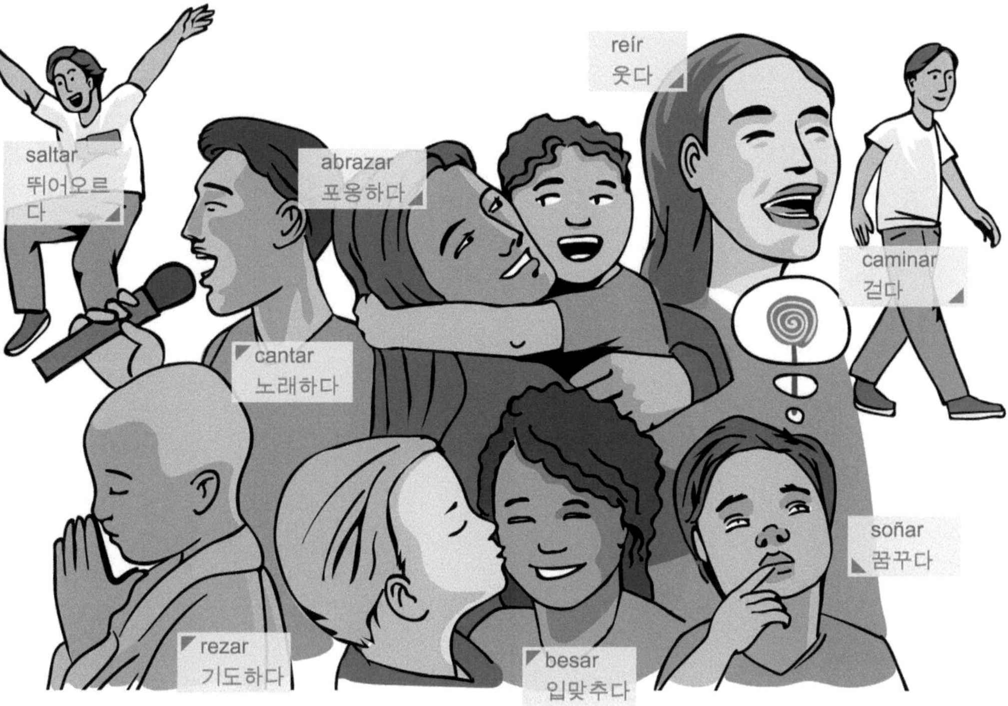

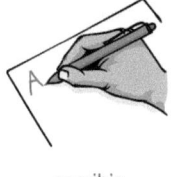

escribir

쓰다

dibujar

그리다

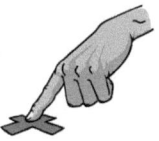

mostrar

보여주다

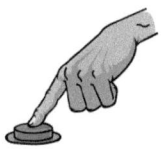

presionar

밀다

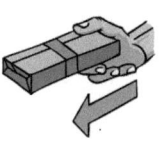

dar

주다

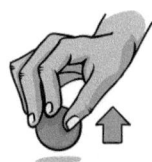

tomar

받다

tener

가지다

hacer

행하다

ser

...이다

estar parado

서있다

correr

뛰다

tirar

당기다

tirar

던지다

caer

떨어지다

estar acostado

누워있다

esperar

기다리다

llevar

운반하다

estar sentado

앉다

vestirse

옷을 입다

dormir

자다

despertar

깨다

mirar

보다

llorar

울다

acariciar

쓰다듬다

peinar

빗다

hablar

말하다

entender

이해하다

preguntar

묻다

escuchar

듣다

beber

마시다

comer

먹다

ordenar

정리하다

amar

사랑하다

cocinar

요리하다

manejar

주행하다

volar

날다

navegar

해항하다

calcular

계산하다

leer

읽다

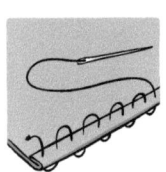

aprender

배우다

trabajar

일하다

casarse

결혼하다

coser

바느질하다

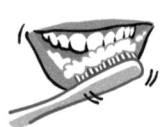

cepillarse los dientes

이를 닦다

matar

죽이다

fumar

담배 피우다

enviar

보내다

la abuela
할머니

el abuelo
할아버지

el padre
아버지

la madre
어머니

el bebé
아기

la hija
딸

el hijo
아들

el invitado
손님

la tía
이모 / 고모

el tío
삼촌

el hermano
형제

la hermana
자매

la familia - 가족

67

el cuerpo
몸통

la frente
이마
el ojo
눈
el hombro
어깨
el dedo
손가락
la cara
얼굴
la pera
턱
la mano
손가락
la pierna
다리
el pecho
가슴
el brazo
팔

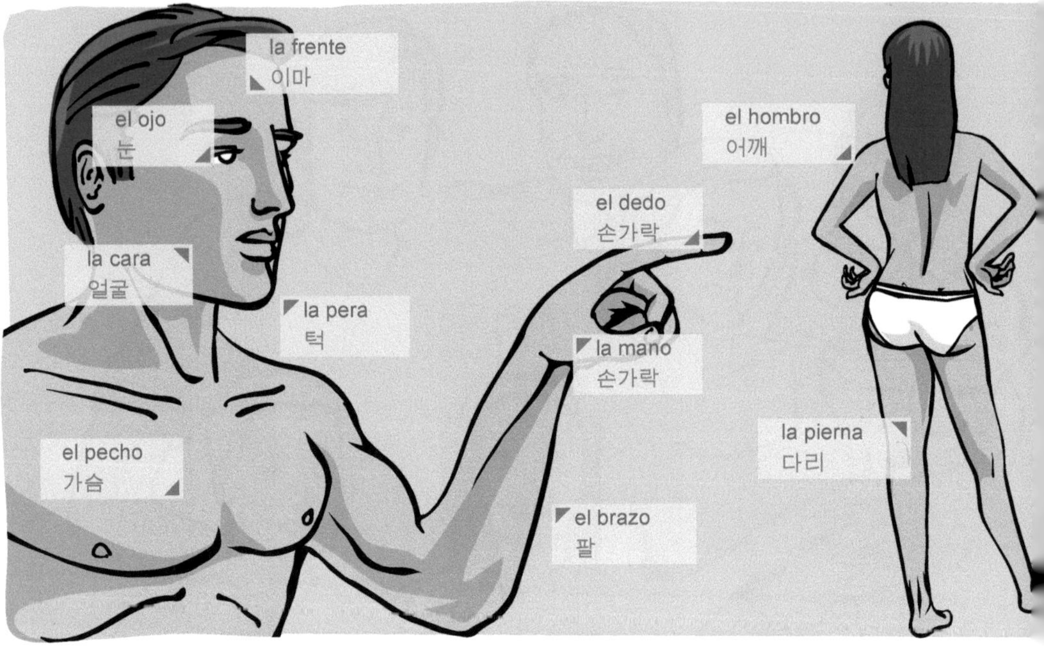

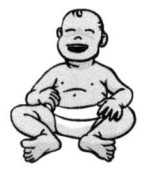

el bebé
아기

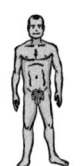

el hombre
남자

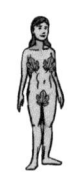

la mujer
여자

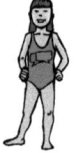

la nena
소녀

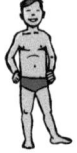

el nene
소년

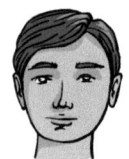

la cabeza
머리카락

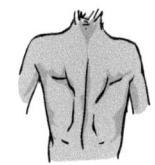

la espalda

등

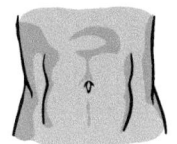

la panza

배

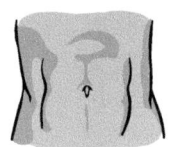

el ombligo

배꼽

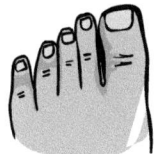

el dedo del pie

발가락

el talón

발꿈치

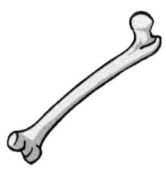

el hueso

뼈

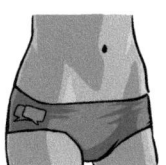

la cadera

엉덩이

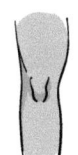

la rodilla

무릎

el codo

팔꿈치

la nariz

코

la cola

둔부

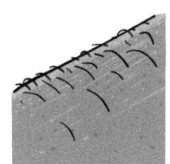

la piel

피부

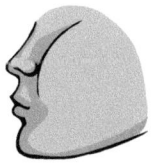

el cachete

뺨

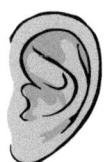

la oreja

귀

el labio

입술

la boca
입

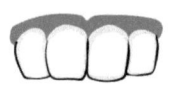

el diente
치아

la lengua
혀

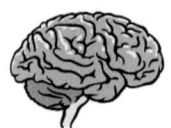

el cerebro
뇌

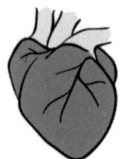

el corazón
심장

el músculo
근육

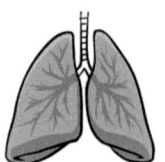

el pulmón
허파

el hígado
간

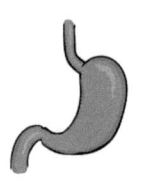

el estómago
위

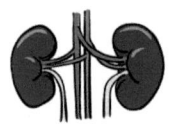

los riñones
신장

el sexo
성교

el preservativo
콘돔

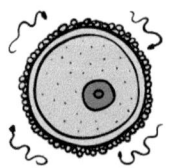

el óvulo
난자

el semen
정자

el embarazo
임신

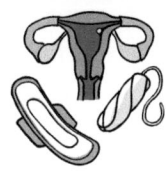

la menstruación

월경

la vagina

질

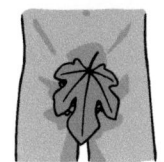

el pene

음경

la ceja

눈썹

el pelo

머리카락

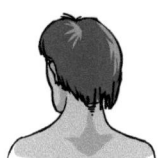

el cuello

목

el hospital
병원

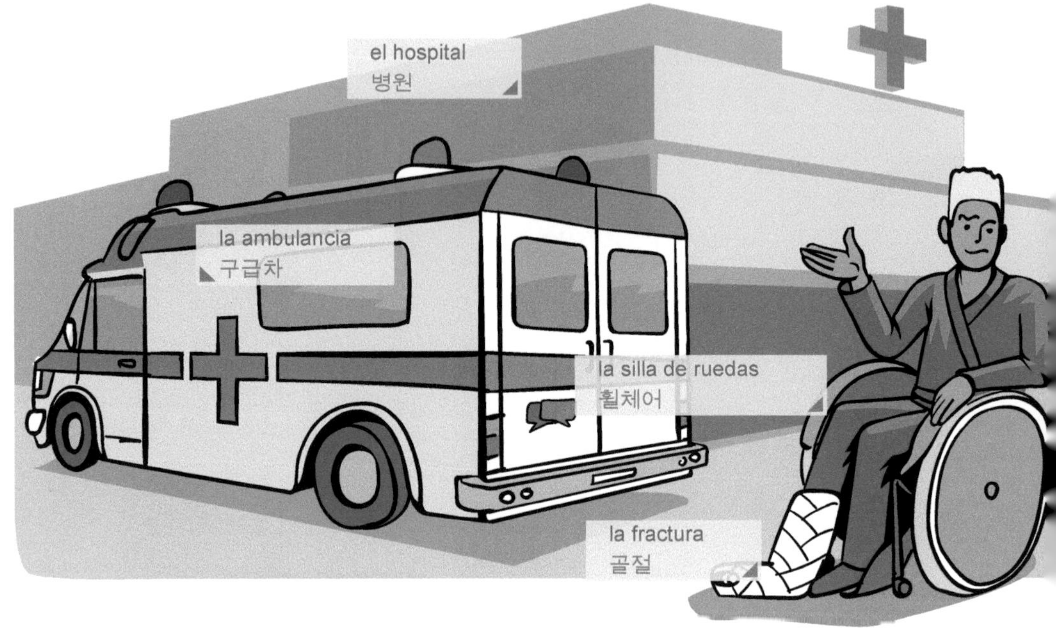

el hospital
병원
la ambulancia
구급차
la silla de ruedas
휠체어
la fractura
골절

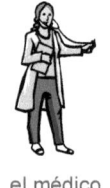

el médico

의사

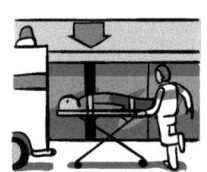

la sala de guardia

응급실

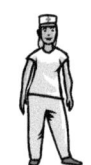

la enfermera

간호사

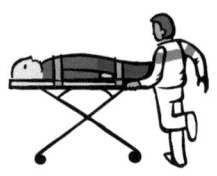

la emergencia

응급상황

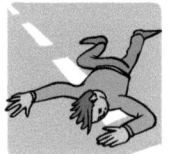

inconsciente

혼수상태

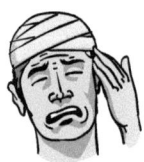

el dolor

통증

la lesión
부상

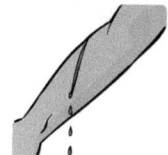

la hemorragia
출혈

el infarto
심장마비

el ACV
뇌졸중

la alergia
알러지

la tos
기침

la fiebre
열

la gripe
독감

la diarrea
설사

el dolor de cabeza
두통

el cáncer
암

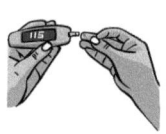

la diabetes
당뇨병

el cirujano
외과의

el bisturí
수술용 메스

la operación
수술

la TC

CT

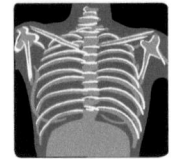

los rayos x

엑스레이

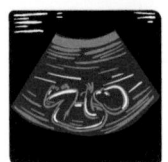

la ecografía

초음파

el barbijo

마스크

la enfermedad

질병

la sala de espera

대기실

la muleta

목발

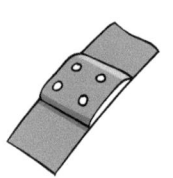

la curita

반창고

la venda

붕대

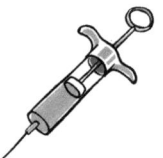

la inyección

주사

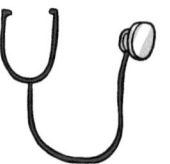

el estetoscopio

청진기

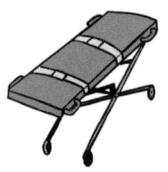

la camilla

들것

el termómetro

체온계

el nacimiento

출생

el sobrepeso

과체중

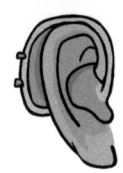

el audífono

보청기

el desinfectante

소독약

la infección

감염

el virus

바이러스

el VIH / SIDA

HIV / AIDS

el remedio

의학

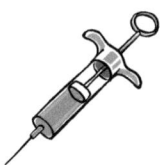

la vacunación

예방접종

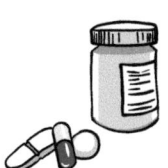

los comprimidos

알약

la pastilla anticonceptiva

알약

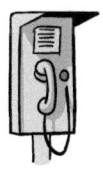

lamada de emergencia

구급 전화

el tensiómetro

혈압측정기

enfermo / sano

병든 / 건강한

¡Ayuda!

도와주세요!

la alarma

경보음

la agresión

폭행

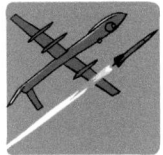

el ataque

공격

el peligro

위험

la salida de emergencia

비상구

¡Fuego!

불이야!

el matafuego

소화기

el accidente

사고

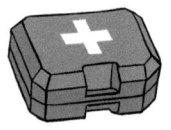

el botiquín de primeros
auxilios

구급 상자

el SOS

SOS

la policía

경찰

Europa

유럽

América del Norte

북미

América del Sur

남미

África

아프리카

Asia

아시아

Australia

호주

el Atlántico

북극

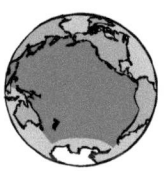

el Pacífico

태평양

el Océano Índico

인도양

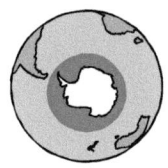

el Océano Antártico

남극해

el Océano Ártico

북극해

el polo norte

북극해

el polo sur

남극해

la Antártida

남극

la Tierra

지구

la tierra

육지

el mar

바다

la isla

섬

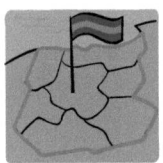

la nación

국가

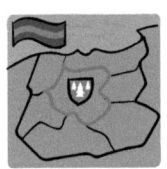

el estado

주

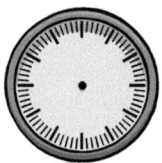

la esfera

시계 문자판

la manecilla de las horas

시침

el minutero

분침

el segundero

초침

¿Qué hora es?

몇 시입니까?

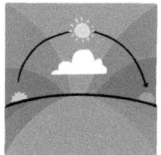

el día

일

la hora

시간

ahora

지금

el reloj digital

디지털 시계

el minuto

분

la hora

시간

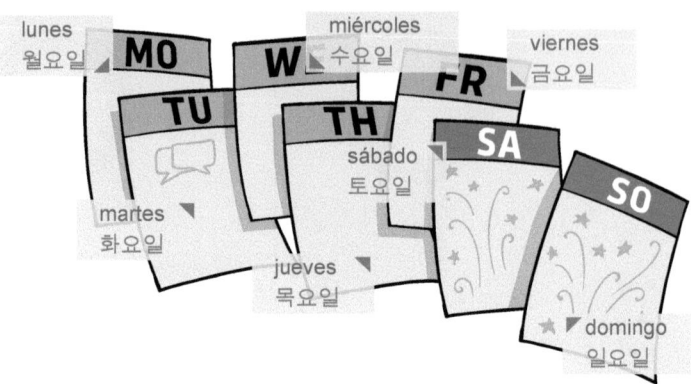

lunes
월요일

martes
화요일

miércoles
수요일

jueves
목요일

viernes
금요일

sábado
토요일

domingo
일요일

ayer

어제

hoy

오늘

mañana

내일

la mañana

아침

el mediodía

정오

la tarde

저녁

los días hábiles

근로일

el fin de semana

주말

el año

년도

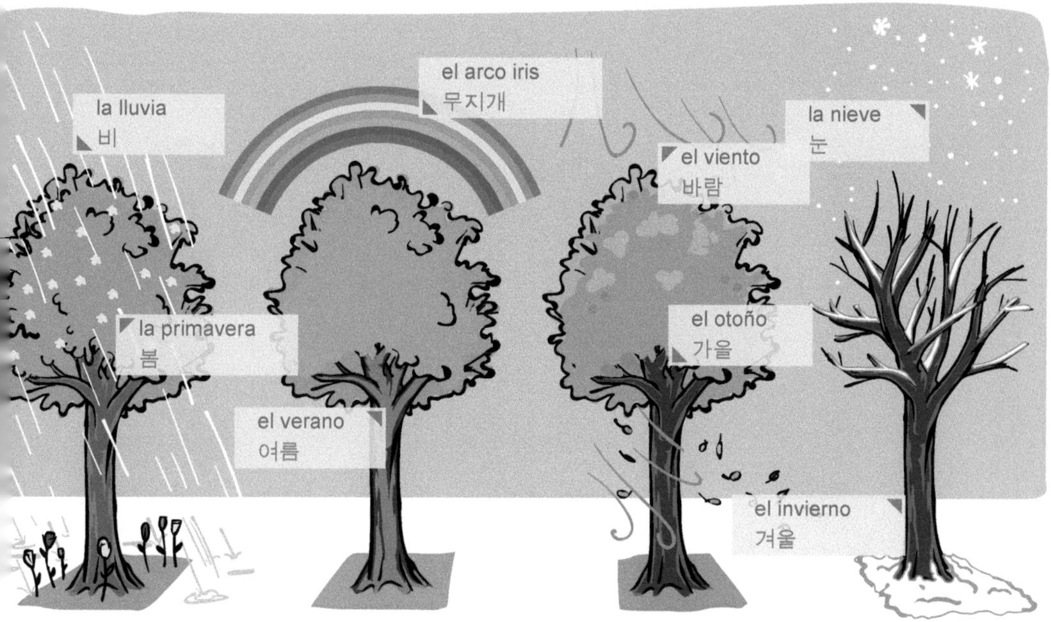

la lluvia
비
el arco iris
무지개
la nieve
눈
el viento
바람
la primavera
봄
el otoño
가을
el verano
여름
el invierno
겨울

4.APRIL 11°
5.APRIL 4°
6.APRIL 13°
7.APRIL 8°
8.APRIL 10°

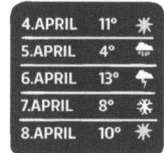

ronóstico meteorológico

날씨 예보

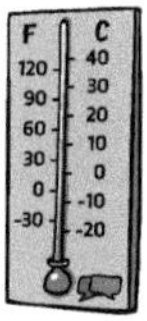

F C
120 40
90 30
60 20
30 10
0 0
-30 -10
-20

el termómetro

온도계

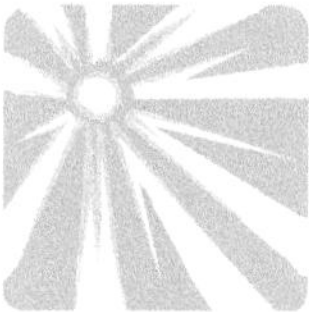

la luz del sol

햇빛

la nube

구름

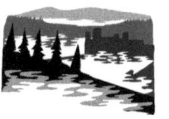

la niebla

안개

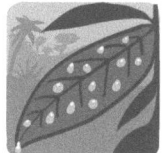

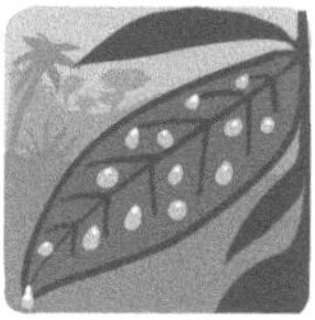

la humedad

습도

el rayo

번개

el trueno

천둥

la tormenta

폭풍

el granizo

우박

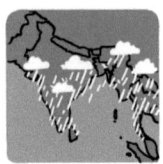

el monzón

장마

la inundación

홍수

el hielo

얼음

enero

1월

febrero

2월

marzo

3월

abril

4월

mayo

5월

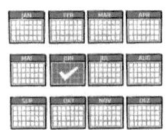

junio

6월

julio

7월

agosto

8월

el año - 년도

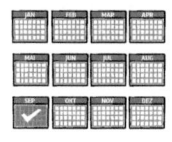

septiembre
....
9월

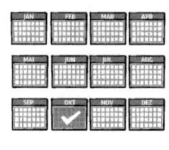

octubre
....
10월

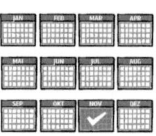

noviembre
....
11월

diciembre
....
12월

las formas
형태

el círculo
....
원

el cuadrado
....
정사각형

el rectángulo
....
직사각형

el triángulo
....
삼각형

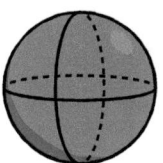

la esfera
....
구

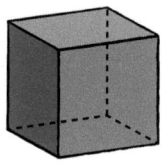

el cubo
....
정사면체

blanco

하양

amarillo

노랑

naranja

주황

rosa

분홍

rojo

빨강

violeta

보라

azul

파랑

verde

초록

marrón

갈색

gris

회색

negro

검정

mucho / poco

많은 / 적은

enojado / tranquilo

화난 / 차분한

lindo / feo

아름다운 / 추한

el principio / el fin

시작 / 끝

grande / chico

큰 / 작은

claro / oscuro

밝은 / 어두운

el hermano / la hermana

형제 / 자매

limpio / sucio

깨끗한 / 더러운

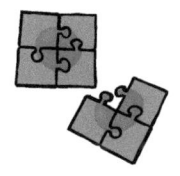

completo / incompleto

완전한 / 불완전한

el día / la noche

낮 / 밤

muerto / vivo

죽은 / 산

ancho / angosto

넓은 / 좁은

comestible / no comestible

삭용의 / 비식용의

malo / amable

불친절한 / 친절한

entusiasmado / aburrido

흥분된 / 지루한

gordo / flaco

뚱뚱한 / 마른

primero / último

처음으로 / 마지막으로

el amigo / el enemigo

친구 / 적

lleno / vacío

꽉 찬 / 텅 빈

duro / blando

딱딱한 / 부드러운

pesado / liviano

무거운 / 가벼운

el hambre / la sed

배고품 / 목마름

enfermo / sano

병든 / 건강한

ilegal / legal

불법 / 합법

inteligente / estúpido

영리한 / 어리석은

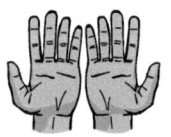

izquierda / derecha

왼 / 오른

cerca / lejos

가까운 / 먼

nuevo / usado

새 / 헌

nada / algo

무 / 유

viejo / joven

늙은 / 젊은

encendido / apagado

온 / 오프

abierto / cerrado

열린 / 닫힌

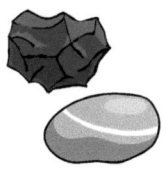

silencioso / ruidoso

조용한 / 시끄러운

rico / pobre

부유한 / 가난한

correcto / incorrecto

옳은 / 틀린

áspero / suave

거친 / 매끄러운

triste / contento

슬픈 / 기쁜

corto / largo

짧은 / 긴

lento / rápido

느린 / 빠른

mojado / seco

젖은 / 마른

caliente / frío

따뜻한 / 시원한

guerra / paz

전쟁 / 평화

0

cero

영

1

uno

하나

2

dos

둘

3

tres

셋

4

cuatro

넷

5

cinco

다섯

6

seis

여섯

7

siete

일곱

8

ocho

여덟

9

nueve

아홉

10

diez

열

11

once

열하나

12	**13**	**14**
doce	trece	catorce
열둘	열셋	열넷

15	**16**	**17**
quince	dieciséis	diecisiete
열다섯	열여섯	열일곱

18	**19**	**20**
dieciocho	diecinueve	veinte
열여덟	열아홉	스물

100	**1.000**	**1.000.000**
cien	mil	el millón
백	천	백만

los idiomas
언어

el inglés

영어

el inglés americano

미국식 영어

el chino mandarín

중국어 만다린

el hindi

힌두어

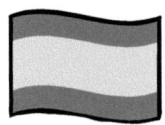

el español

스페인어

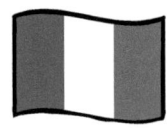

el francés

프랑스어

el árabe

아랍어

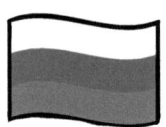

el ruso

러시아어

el portugués

포르투갈어

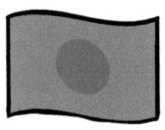

el bengalí

불가리아어

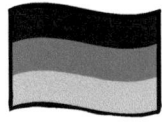

el alemán

독일어

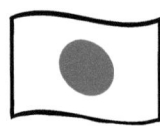

el japonés

일본어

yo

나

vos

너

él / ella

그 / 그녀/ 그것

nosotros

우리

ustedes

너희들

ellos

그들

¿quién?

누가?

¿qué?

무엇이?

¿cómo?

어떻게?

¿dónde?

어디서?

¿cuándo?

언제?

el nombre

이름

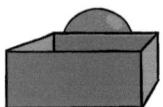

detrás

뒤에

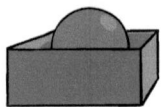

en

안에

adelante de

앞에

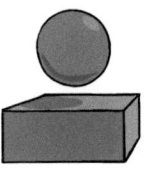

por encima de

위에

sobre

위에

debajo de

아래에

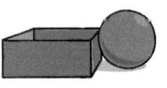

al lado de

옆에

entre

사이에

el lugar

장소